Mieth- und Pachtverträge

nach dem

neuen Stempelsteuergesetz

vom 31. Juli 1895.

Ein allgemein verständlicher Wegweiser

durch die bezüglichen Bestimmungen des

am 1. April 1896 in Kraft tretenden Gesetzes.

Von

P. Loeck,

Regierungs-Assessor a. d. Königl. Provinzial-Steuer-Direktion in Berlin.

Berlin SW.48

Wilhelmstraße 119/120

J. Guttentag, Verlagsbuchhandlung

1896.

Am 1. April 1896 tritt das Preußische Stempelsteuergesetz vom 31. Juli 1895 — abgedruckt in der Gesetzsammlung von 1895 Nr. 33 S. 413—474 — in Kraft, welches für den ganzen Umfang der Monarchie, mit Ausschluß allein der Hohenzollernschen Lande und der Insel Helgoland, das gesammte Stempelrecht einheitlich regelt.*) Obwohl unter Festhaltung der bisherigen Grundlagen der Preußischen Stempelgesetzgebung vielfach diejenigen Bestimmungen, die sich bis in die Gegenwart hinein bewährt haben, unberührt gelassen sind, so sind doch veraltete und den Bedürfnissen des heutigen Verkehrs nicht mehr entsprechende Bestimmungen ausgesondert, oder geändert, vorhandene Lücken ergänzt und erkannte Härten durch Herbeiführung einer gerechteren und die weniger bemittelten Klassen der Bevölkerung mehr berücksichtigenden Weise gemildert. Es sind damit umfassende Aenderungen gegen die bisherige Gesetzgebung geschaffen. Von diesen Aenderungen sind vorzugsweise die Bestimmungen über die Besteuerung

*) Eine eingehende Bearbeitung des Stempelsteuergesetzes mit den dazu ergangenen Ausführungsanweisungen von B. Gaupp und P. Loeck ist in der Guttentag'schen Sammlung Preußischer Gesetze bereits in 2. Auflage erschienen. Berlin SW.48, J. Guttentag Verlagsbuchhandlung.

*

der Mieth- und Pachtverträge, Aftermieth- und Afterpachtverträge und antichretischen Verträge getroffen. Muß schon bei dem heutigen Verkehrsleben die Kenntniß des geltenden Stempelrechts, dessen Bestimmungen vielfach in das praktische Leben tief eingreifen, für die große Mehrzahl der Bevölkerung für durchaus wünschenswerth erachtet werden, schon um häufig unbeabsichtigte, aber trotzdem unter Strafe gestellte Uebertretungen zu vermeiden, so wird sich solche Kenntniß hinsichtlich der Besteuerung der Mieth-, Pacht- u. s. w. Verträge für Jedermann als nothwendig erweisen, weil eben Jeder als Miether oder Vermiether, Pächter oder Verpächter die bezüglichen stempelrechtlichen Bestimmungen in eigener Verantwortung zu beobachten und anzuwenden hat. Es erscheint daher zweckmäßig, diese alle Schichten der Bevölkerung berührenden Bestimmungen in kurzer und allgemein verständlicher Weise zu veröffentlichen:

A. Pacht- und Afterpachtverträge, Mieth- und Aftermiethverträge sowie antichretische*) Verträge über unbewegliche Sachen.

1. Voraussetzung für die Steuerpflicht.

Der § 1 des Stempelsteuergesetzes bestimmt, daß die in dem ihm angehängten Tarif aufgeführten Urkunden den darin bezeichneten Stempelabgaben unterliegen.

---

*) Antichretische Verträge, d. h. solche Verträge, in denen der Gläubiger sich das Recht des Besitzes und Genusses des Pfandes ausbedungen hat, um seine Befriedigung aus den Nutzungen zu nehmen (Pfandnutzungsverträge).

Unter Nr. 48 des Stempeltarifs werden Pacht- und Afterpachtverträge, Mieth- und Aftermiethverträge, sowie antichretische Verträge

a) über unbewegliche Sachen,

b) über bewegliche Sachen,

c) über ausländische Grundstücke

aufgeführt. Es wird für Pacht-, Mieth- u. s. w. Verträge über **unbewegliche Sachen** ein Stempel von $^1/_{10}$% des Pachtzinses (Miethzinses, der antichretischen Nutzung) bestimmt, sofern der verabredete nach der Dauer eines Jahres zu berechnende Zins mehr als 300 Mk. beträgt.

Während der bisherige Stempelsatz von $^1/_{10}$% des Zinses beibehalten ist — s. im Anhang A die Tabelle zur Berechnung des Stempels 2c. —, hat das neue Gesetz insofern Erleichterungen geschaffen, als es den Werth der sonst üblichen Nebenleistungen nicht mehr berücksichtigt, und zur Entlastung der kleineren Leute die Steuerpflicht erst bei einem Objekt von über 300 Mk. eintreten läßt.

Beträgt der nach der Dauer eines Jahres zu berechnende Zins mehr als 300 Mk., so sind die Verträge auch alsdann steuerpflichtig, wenn der auf die Geltungsdauer des Vertrages während des betreffenden Kalenderjahres entfallende Zins- oder Nutzungsbetrag 150 Mk. oder weniger beträgt, so daß z. B. ein während der Dauer eines halben Monates in Geltung gewesener Miethvertrag, in dem der monatliche Miethzins auf 30 Mk. verabredet ist, bei der Versteuerung zu berücksichtigen ist, während andererseits ein 10 Monate in Geltung gewesener Miethvertrag, in dem der monatliche Miethzins auf 25 Mk. festgesetzt ist, steuerfrei bleibt.

Voraussetzung für die Steuerpflicht ist ferner das Vorhandensein

eines förmlichen schriftlichen Vertrages, oder

eines durch Briefwechsel zu Stande gekommenen Vertrages, oder

einer, in einem Vertrage der vorbezeichneten Art enthaltenen Bestimmung, daß das Pacht-, Afterpacht-, Mieth- u. s. w. Verhältniß unter gewissen Voraussetzungen (z. B. im Falle einer innerhalb einer bestimmten Frist nicht erfolgten Kündigung) als verlängert gelten soll.

Ein förmlicher schriftlicher Vertrag ist auch dann vorhanden, wenn der Name oder die Firma des Ausstellers in seinem Auftrage unterschrieben oder mit seinem Wissen oder Willen durch Stempelaufdruck, Lithographie oder in irgend einer anderen Art mechanisch hergestellt ist.

Die wesentlichen Bestimmungen des Allgemeinen Landrechts darüber, in welcher Form Pacht- und Miethverträge abzuschließen sind, befinden sich im Anhange unter B.

2. Pacht-, Mieth-, Antichrese-Verzeichniß.

Versteuert werden aber nicht die Vertragsurkunden. Der Verpächter und Afterverpächter (Vermiether, Aftervermiether, Verpfänder) hat vielmehr die innerhalb eines Kalenderjahres in Geltung gewesenen Verträge in ein Verzeichniß einzutragen und dieses zur Versteuerung einer

Steuerstelle zu überreichen. Das Verzeichniß hat die Bezeichnung des Grundstücks, den Namen des Pächters (Miethers, Pfandinhabers), die Dauer des Vertragsverhältnisses während des betreffenden Kalenderjahres, den Zins (Nutzung), den erforderlichen Stempelbetrag und die Unterschrift des Verpächters (Vermiethers) einzeln zu enthalten und muß endlich mit der Versicherung versehen sein, daß andere unter die Tarifstelle 48 Buchst. a des Stempelsteuergesetzes vom 31. Juli 1895 fallende Verträge, als die eingetragenen, in das Verzeichniß nicht aufzunehmen waren.

Nachstehend ein Muster eines ausgefüllten Verzeichnisses, wie es vorgeschrieben ist:

Pacht= (Mieth=, Antichrese=) Verzeichniß
betreffend d . . . Grundstück . . .

in . . . . . Nummer . . . . . d . . . . . Straße (Platzes)
= . . . . . = = = =

Laufende Nummer	Name des Pächters (Miethers, Pfandinhabers).	Art des Vertrages	Vertragsdauer im Kalenderjahre oder im Voraus versteuerte Vertragszeit.	Betrag des nach Spalte 4 zu versteuernden Zinses (bezw. der Nutzung). Mk.	Pf.	Betrag des Stempels. Mk.	Pf.
1.	2.	3.	4.	5.		6.	
1.	Friedrich Rücker	Miethe	1. 4. 96 bis 15. 4. 96	15	—	—	50
2.	Johann Beständig	—	1. 4. 96 bis 1. 12. 96	4000	—	4	—
3.	Ernst Unverzogen	—	1. 4. 96 bis 1. 1. 98	6600	—	7	—
				Zusammen:		11	50

Daß andere unter die Tarifstelle No. 48 Buchstabe a des Stempelsteuergesetzes vom 31. Juli 1895 fallende Verträge, als die vorstehend eingetragenen, in dieses Verzeichniß nicht aufzunehmen waren, versichere ich.

Berlin, den 15. Januar 1897.

Bruno Fröhlich,
Hausbesitzer.

Das Verzeichniß ist von den Steuerpflichtigen selbst mit der Feder anzulegen; es kann aber auch von allen Hauptämtern, Zoll- und Steuerämtern und Stempelvertheilern unentgeltlich bezogen werden.

An erster Stelle sind zur Aufstellung und Versteuerung der Verzeichnisse Verpächter und Afterverpächter (Vermiether, Aftervermiether, Verpfänder) verpflichtet; doch können sie sich durch andere Personen vertreten lassen, welchen Falls sie jedoch für die gesetzlichen Stempelabgaben, sowie für die etwa verwirkten Strafen persönlich verhaftet bleiben.

Derjenige Zeitraum, hinsichtlich dessen eine Versteuerung der Pacht-, Mieth- u. s. w. Verträge, welche vor dem 1. April 1896 geschlossen worden sind, bereits stattgefunden hat, bleibt für die Eintragung in das Verzeichniß außer Betracht.

Wenn Pacht-, Mieth- u. s. w. Verträge vor Ablauf der vertragsmäßig festgesetzten Zeit ihr Ende erreichen, so ist der Stempel nur für die Zeit bis zur Beendigung der Verträge zu entrichten, so daß beispielsweise ein für die Zeit vom 1. Januar bis Ende Dezember 1897 zu einem Jahresmiethzinse von 6000 Mk. verabredeter Miethvertrag, welcher aber nur bis zum 1. Juli 1897 bestanden hat, nur in Höhe von 3000 Mk. (also mit 3 Mk.) zu versteuern ist.

Die Entrichtung des gesetzlichen Stempels ist nicht auf das betreffende Kalenderjahr beschränkt, sondern es ist nach dem Belieben des Steuerpflichtigen eine Vorausversteuerung auf mehrere Jahre zulässig.

Alle von einem Verpächter, Vermiether u. s. w. für ein Kalenderjahr oder im Voraus zu versteuernden Verträge sind in ein Verzeichniß einzutragen, auch wenn die Verträge sich auf mehrere Grundstücke beziehen, sofern nur diese Grundstücke zu demselben Hauptamtsbezirk gehören. Sind die mehreren Grundstücke in verschiedenen Hauptamtsbezirken belegen, so ist für jeden Bezirk ein besonderes Verzeichniß zu führen. Werden in einem Verzeichniß die Verträge über mehrere Grundstücke nachgewiesen, so sind die mehreren Verträge, die ein und dasselbe Grundstück betreffen, zusammenhängend je in besonderen Abschnitten einzutragen. Die einzelnen Grundstücke sind in der Ueberschrift des Näheren zu bezeichnen. Es steht den Steuerpflichtigen frei, für jedes Kalenderjahr ein besonderes Verzeichniß zu führen oder die Versteuerungen für die einzelnen aufeinander folgenden Kalenderjahre in demselben Verzeichniß zu bewirken.

Die Eintragungen in den einzelnen Spalten erfolgen nach dem oben wiedergegebenen Formular.

3. Frist für die Einreichung der Verzeichnisse.

Die Versteuerung des Verzeichnisses muß bis zum Ablauf des Januar, der auf das Kalenderjahr folgt, für welches die Versteuerung geschehen soll, bewirkt werden und zwar bei demjenigen Hauptamt oder Steueramt, bezw. Nebenzollamt, in dessen Geschäftsbezirk die betreffenden Grundstücke belegen sind, oder bei einem benachbarten Stempelvertheiler. Gehören die Grundstücke zu den Geschäftsbezirken verschiedener Unterämter, so hat der Steuerpflichtige die Wahl, welchem dieser Aemter er das Verzeichniß vorlegen will.

Die Stempelpflicht wird dadurch erfüllt, daß der zur Führung des Verzeichnisses Verpflichtete oder dessen Beauftragter einer der vorbezeichneten Steuerstellen das Verzeichniß ausgefüllt und mit der vorgeschriebenen Versicherung versehen unter Zahlung des Stempelbetrages entweder einreicht oder durch die Post mittelst eingeschriebenen Briefes einsendet, oder daß er die in dem Verzeichniß zu machenden Angaben vor der Steuerbehörde unter Entrichtung des Stempelbetrages zu Protokoll erklärt.

4. Prüfung und Versteuerung der Verzeichnisse durch die Behörden.

Die eingegangenen Verzeichnisse werden in rechnerischer Hinsicht von den Steuerbehörden geprüft. Insoweit die Verzeichnisse augenscheinliche Unrichtigkeiten enthalten oder ihr Inhalt bei der Durchsicht den Steuerbehörden auf Grund ihrer Kenntniß der örtlichen und persönlichen Verhältnisse noch sonst zu Bedenken Anlaß giebt, werden die gemachten Angaben durch Verhandlungen mit den Steuerpflichtigen richtig gestellt und auf Grund dieser Ermittelungen die Stempel anderweit berechnet, auch, sofern Zuwiderhandlungen vorliegen, die erforderlichen Anordnungen wegen Einleitung des Strafverfahrens getroffen. Dem pflichtmäßigen Ermessen der Hauptämter, Zoll- und Steuerämter sowie der Stempelvertheiler ist es überlassen, die Verzeichnisse hinsichtlich der sachlichen Richtigkeit der gemachten Angaben einer weiteren Prüfung zu unterziehen, soweit es der Dienstbetrieb gestattet.

Die Stempelmarken werden von den vorgedachten

Steuerbehörden unmittelbar hinter der vorgeschriebenen Versicherung, oder, wenn die betreffende Seite keinen genügenden Raum bietet, auf der folgenden Seite, oder, wenn eine solche Seite nicht vorhanden ist, auf einem mit dem Verzeichniß in festen Zusammenhang zu bringenden Blatt entwerthet. Sollen die Angaben zu Protokoll erklärt werden, so wird hierzu das vorgeschriebene Formular benutzt und hinter der Versicherung von dem betreffenden Beamten ein von dem Steuerpflichtigen zu unterschreibender Vermerk über die Protokollirung aufgenommen, z. B.

Vorstehende, zu Protokoll erklärte Angaben nach Vorlesung g. u. u.

Namensunterschrift des Steuerpflichtigen.

Stand und Wohnort desselben.

Datum.

Amtsstelle.

Name des Beamten.

5. Rücklieferung der Verzeichnisse.

Die durch die Post eingesendeten Verzeichnisse werden dem Steuerpflichtigen, wenn er nicht die amtliche Aufbewahrung beantragt hat, binnen 3 Tagen mit den entwertheten Stempelzeichen ohne Anschreiben mittelst eingeschriebenen unfrankirten Briefes wieder zugestellt. Wird die amtliche Aufbewahrung verlangt, so wird der Antragsteller von der Entwerthung benachrichtigt.

6. Pflicht zur Aufbewahrung der Verzeichnisse seitens der Verpächter (Vermiether, Verpfänder).

Die zur Führung der Verzeichnisse Verpflichteten haben die Verzeichnisse fünf Jahre lang aufzubewahren, falls sie nicht von ihrem Recht, die amtliche Aufbewahrung zu beantragen, Gebrauch machen.

7. Aufbewahrung der Verzeichnisse bei den Steuerbehörden.

Die den Haupt- und Unterämtern zur Aufbewahrung übergebenen Verzeichnisse werden in übersichtlicher Weise und in einer sich entweder aus den Namen der Verpächter, Vermiether u. s. w., oder aus der ortsüblichen Bezeichnung der Grundstücke (Straße, Hausnummer u. s. w.) ergebenden Reihenfolge, oder in irgend einer andern bestimmten Ordnung aufbewahrt. Ueber die Hinterlegung der Verzeichnisse wird den Steuerpflichtigen auf Verlangen eine Empfangsbescheinigung ausgestellt.

Die Aenderungen gegen die früheren Bestimmungen betreffen hauptsächlich die Einführung der Verzeichnisse, deren Besteuerung an Stelle der Verträge, und die Uebertragung der Stempelpflicht mit allen durch das Gesetz daran geknüpften Folgen allein auf den Verpächter, Vermiether. Durch die Verzeichnisse, die im Uebrigen keiner Partei irgend welche Rechte verleihen, wird eine gleichmäßige und gerechte Heranziehung des steuerpflichtigen Publikums hinsichtlich der Verstempelung der Miethverträge, wie durch die Deklarationspflicht bei der Einkommensteuer, herbeigeführt; im Uebrigen dienen sie lediglich der Kontrole. Durch die

Uebertragung der Stempelpflicht allein auf den Vermiether und die einmalige Versteuerung sämmtlicher Verträge aus einem Jahre wird eine höchst wünschenswerthe Erleichterung des geschäftlichen Verkehrs mit den Steuerbehörden herbeigeführt, abgesehen davon, daß die Miether fortan überhaupt allen Verpflichtungen hinsichtlich der Versteuerung ihrer Miethverträge enthoben sind.

Seitens der Steuerbehörden ist übrigens Anordnung getroffen, daß in der Zeit vom 1. bis 15. Dezember jeden Jahres die Bestimmungen über die Führung und Versteuerung der Verzeichnisse außer in amtlichen Blättern, vorzugsweise in solchen veröffentlicht werden, durch welche die weiteste Verbreitung erwartet werden kann.

8. Nebenexemplare des Mieth-, Pachtvertrages.

Da der Miethvertrag selbst nicht versteuert wird, unterliegen auch die Nebenausfertigungen (Nebenexemplare) einem besonderen Stempel nicht. Voraussetzung dafür ist freilich, daß neben dem Miethvertrag nicht andere stempelpflichtige Geschäfte und besondere stempelpflichtige Nebenabreden, z. B. Kautionsbestellungen oder die häufig vorkommende Abrede, daß entstehende Streitigkeiten durch Schiedsrichter oder ein an sich unzuständiges Gericht entschieden werden sollen, beurkundet werden, in welchem Falle, abgesehen von der Eintragung des Miethabkommens in dem Miethverzeichniß die Urkunde noch außerdem behufs Verstempelung der Nebenabreden innerhalb der vorgeschriebenen 14tägigen Frist einer Steuerbehörde oder einem Stempelvertheiler vorzulegen wäre, da durch die Versteuerung der Pacht-, Mieth- u. s. w. Verzeichnisse die Verträge nur insoweit als versteuert gelten, als in ihnen die Pacht-, Mieth- u. s. w. Abkommen beurkundet sind.

9. Ausnahmebestimmung für Behörden als Vermiether u. s. w.

Behörden steht es frei, in Ansehung derjenigen Verträge, welche sie als Verpächter, Vermiether u. s. w. abgeschlossen haben, die Versteuerung der Verzeichnisse selbst zu bewirken. Hinsichtlich der Verträge, welche sie als Pächter, Miether u. s. w. abgeschlossen haben, liegt ihnen die Verpflichtung ob, demjenigen Stempelsteueramt, in dessen Geschäftsbezirk der Vertrag errichtet ist, eine Abschrift einzusenden oder ihm den Namen der Verpächter, Vermiether u. s. w., das Grundstück, den Zins, bezw. die Nutzung, die Dauer des Vertrages, die Vereinbarungen wegen stillschweigender Verlängerungen, sowie sonstige für die Stempelpflicht in Betracht kommende Abreden mitzutheilen.

10. Cession aus Pacht-, Mieth- u. s. w. Verträgen.

Die Beurkundungen von Abtretungen der Rechte aus Pacht- und Afterpachtverträgen, Mieth- und Aftermiethverträgen, sowie antichretischen Verträgen unterliegen lediglich der für förmliche Mieth- u. s. w. Verträge festgesetzten Stempelabgabe.

11. Behördliche Revision der Verzeichnisse.

Alle Verpächter und Afterverpächter (Vermiether und Aftervermiether und Verpfänder) sind bei Vermeidung von Strafen (siehe Ziffer 12) verpflichtet, die von ihnen zu führenden Verzeichnisse den Vorständen der Stempelsteuerämter auf deren Verlangen innerhalb einer zu bestimmenden Frist einzureichen, bezw. mitzutheilen, von welcher Steuerbehörde die Verzeichnisse aufbewahrt werden, oder, wenn sie Verzeichnisse nicht eingereicht haben, auf Aufforderung der Steuerbehörde anzuzeigen, daß von ihnen während des vorangegangenen Kalenderjahres Verträge der erwähnten Art, deren Eintragung in das Verzeichniß gesetzlich erforderlich ist, nicht errichtet worden sind.

12. Strafbestimmungen.

Wer den Vorschriften bezüglich der Verpflichtung zur Entrichtung der Stempelsteuer für Pacht-, Mieth- u. s. w. Verträge zuwiderhandelt, hat eine Geldstrafe verwirkt, welche dem zehnfachen Betrage des hinterzogenen Stempels gleichkommt, mindestens aber 30 Mk. beträgt. Ergiebt sich aus den Umständen, daß eine Steuerhinterziehung nicht hat verübt werden können oder nicht beabsichtigt worden ist, so tritt eine Ordnungsstrafe bis zu 300 Mk. ein. Eine Strafe bis zu einem gleichen Betrage ist verwirkt, wenn den Vorschriften bezüglich der Aufbewahrung der Verzeichnisse zuwidergehandelt wird oder die oben unter Ziffer 11 erwähnten Aufforderungen unbeachtet bleiben.

B. Pacht- und Afterpachtverträge, Mieth- und Aftermiethverträge, sowie antichretische Verträge über bewegliche Sachen.

Für die Versteuerung derartiger Verträge ist eine wesentliche Neuerung nicht getroffen. Abweichend von der früheren

Bestimmung wird, wenn die Verträge auf unbestimmte Zeit abgeschlossen sind, der Versteuerung allgemein eine einjährige Dauer zu Grunde gelegt.

Die nach der Dauer der bedungenen Vertragszeit zu berechnende Stempelabgabe beträgt $^1/_{10}$ % des Zinses. Das Mieth- u. s. w. Verzeichniß gilt für sie nicht.

Im Uebrigen finden auf sie die allgemeinen stempelgesetzlichen Vorschriften Anwendung.

C. Für **Pacht-, Mieth- u. s. w. Verträge über ausländische Grundstücke**

ist eine feste Stempelabgabe von 1,50 Mk. bestimmt.

Anhang.

A. Tabelle für die Berechnung des Pacht-, Mieth- u. s. w. Stempels.

Die Stempelabgabe beträgt $^1/_{10}$ vom Hundert des Pachtzinses (Miethzinses, der antichretischen Nutzung) und der Mindestbetrag derselben 50 Pf. Die Stempelabgabe steigt in Abstufungen von je 50 Pf., wobei überschießende Steuerbeträge auf je 50 Pf. abgerundet werden, so daß also bei einem Zinse, bezw. einer Nutzung

		bis zu	500 Mk.	der	Stempel	beträgt	0,50	Mk.
von	mehr	als 500— 1 000	=	=	=	=	1,00	=
=	=	= 1 000— 1 500	=	=	=	=	1,50	=
=	=	= 1 500— 2 000	=	=	=	=	2,00	=
=	=	= 2 000— 2 500	=	=	=	=	2,50	=
=	=	= 2 500— 3 000	=	=	=	=	3,00	=
=	=	= 3 000— 3 500	=	=	=	=	3,50	=
=	=	= 3 500— 4 000	=	=	=	=	4,00	=
=	=	= 4 000— 4 500	=	=	=	=	4,50	=
=	=	= 4 500— 5 000	=	=	=	=	5,00	=
=	=	= 5 000— 5 500	=	=	=	=	5,50	=
=	=	= 5 500— 6 000	=	=	=	=	6,00	=
=	=	= 6 000— 6 500	=	=	=	=	6,50	=
=	=	= 6 500— 7 000	=	=	=	=	7,00	=
=	=	= 7 000— 7 500	=	=	=	=	7,50	=
=	=	= 7 500— 8 000	=	=	=	=	8,00	=
=	=	= 8 000— 8 500	=	=	=	=	8,50	=
=	=	= 8 500— 9 000	=	=	=	=	9,00	=
=	=	= 9 000— 9 500	=	=	=	=	9,50	=
=	=	= 9 500—10 000	=	=	=	=	10,00	=

u. s. w.

B. Die wesentlichen Bestimmungen des Allgemeinen Landrechts darüber, in welcher Form Pacht- und Miethverträge abzuschließen sind.

A.L.R. Th. I Titel 21.

§ 258. Wenn für den Gebrauch der geliehenen Sache ein bestimmter Preis bedungen wird, so heißt das Geschäft ein Miethungsvertrag.

§ 259. Eine Sache heißt verpachtet, wenn dieselbe Jemandem gegen einen bestimmten Zins, nicht nur zum Gebrauch, sondern auch zur Nutzung überlassen worden.

§ 262. Besteht dasjenige, was für den Gebrauch oder die Nutzung der gemietheten oder gepachteten Sache bezahlt wird, in baarem Gelde, so heißt es Mieth- oder Pachtzins.

§ 267. In wie fern bei Miethen und Pachtungen ein schriftlicher Vertrag erforderlich sei, ist nach dem Betrage des verabredeten Pacht- oder Miethzinses zu bestimmen.

§ 268. Soll der Kontrakt auch länger als Ein Jahr dauern, so giebt dennoch nur der Betrag einer einjährigen Miethe den Maaßstab zur Bestimmung: in wie fern es eines schriftlichen Kontraktes bedürfe.

A.L.R. Th. I Titel 5.

§ 115. In allen Fällen, wo unbewegliche Sachen, deren Eigenthum, Besitz oder Nutzung der Gegenstand eines Vertrages sind, müssen wegen der Form die Gesetze des Ortes, wo die Sache liegt, beobachtet werden.

§ 131. Ein jeder Vertrag, dessen Gegenstand sich über fünfzig Thaler in Silber-Courant beläuft, muß schriftlich errichtet werden.

§ 155. Ist in Fällen, wo die Gesetze einen schriftlichen Vertrag erfordern, derselbe bloß mündlich geschlossen, und noch von keinem Theile erfüllt worden, so findet daraus keine Klage statt.

A.L.R. Th. I Titel 21.

§ 269. Ist in Fällen, wo es eines schriftlichen Vertrages bedarf, derselbe bloß mündlich geschlossen, aber durch die Uebergabe schon vollzogen worden: so ist er nur auf Ein Jahr gültig.

§ 401. Pachtkontrakte über Landgüter müssen allemal, wenn auch das verabredete jährliche Pachtgeld die Summe von fünfzig Thalern nicht übersteigt, schriftlich errichtet werden.

§ 402. Ist dieses nicht geschehen, so findet die Vorschrift des § 269 Anwendung.

§ 403. Beträgt das verabredete jährliche Pachtgeld zweihundert Thaler, oder mehr, so soll der Kontrakt entweder gerichtlich, oder doch vor einem Justizcommissario geschlossen werden.

Druck von Leonhard Simion in Berlin SW.

FSC
www.fsc.org
MIX
Papier | Fördert gute Waldnutzung
FSC® C083411

Kolibri 360 GmbH
Ferdinand-Jühlke-Straße 7
99095 Erfurt, Deutschland
produktsicherheit@kolibri360.de